_____ 에게

태어나줘서 고마워,

너의 존재가 내겐 소중하단다.

우리 오랫동안 함께하자.

슬픈 순간 서로를 부둥켜안아 주고,

행복한 순간 미소를 마음껏 지으며.

덜 불행하고
더 행복해질 너에게

- 계절 에디션 -

덜 불행하고
더 행복해질 너에게

산배 에세이

"환한 미소를 되찾을 수 있게
당신의 작은 위로가 되어줄게요.
그러니 혼자라고 생각하지 말아요."

작가의 말

웃음보단 한숨이,
미소보단 찡그리는 표정이
아름다운 세상을 채우는 것 같아
마음 한편이 굉장히 아팠고,

살아가야 할 이유보다 죽어야 할 이유가
더 많아지는 듯하여 두려웠습니다.

떨리는 손으로 얼굴을 감싸며
애써 표정을 숨기려는 사람들에게
다정을 알려주고, 다감을 건네주고 싶어
매일 밤 위로를 담은 편지와 글을 썼습니다.

어떤 말은 찰나의 기억으로 발화되지만,
어떤 말은 순간만으로도 위안을 줍니다.

글도 같습니다.
어떤 글은 찰나의 기억으로 사라지지만,
어떤 글은 순간만으로도 마음에 안온을 줍니다.

그댈 생각하며 고이 적은
아름다운 마음이 따듯하게 안기길,

저의 진심이 가슴 깊이 전해져
구겨졌던 그대의 밤을 곱게 펴주길 바랍니다.

차례

1장. 상처 많은 널 위로할 이야기

개화	20
아픔이 담긴 바닷가	21
어른일지라도	22
최저점	24
묵묵히 곁에서	25
날지 못하는 새	26
음지	27
잘 살아간다는 건	28
최면	29
울음	30
해와 달도 힘들다더라	31
가을에 피어난 꽃	32
소리 없는 바람 타고	33
곁에	34
아픔조차 나의 것이라면	35
우리의 삶과 바람	36
처음처럼	37

"그간 많이 힘들었을 나에게"

안 괜찮은 하루	38
붉은 실선	40
봄이 온다	41
방황하고 있는 그대에게	42
숨기지 않아도 돼	43
작은 위로가 되어줄게요	44
회고록	45
베개	46
강아지풀	47
행복 제조법	48
9할은 거짓 행복	49
처음이라 그래	50
인생을 뭐라 생각해	52
낙서	54
나는 바보야	56
덧난 상처	58
노을	60

2장. 그 시절 너는 나의 낭만

후회 없이 사랑하련다	64
반복적인 사랑	66
사랑의 느낌	67
아이의 사랑	68
고마워	69
매 순간 소중히	70
따듯한 전화기	71
까만 구름과 별처럼	72
방황	73
화병 속에 담긴 꽃	74
밤하늘 아래서	75
결점조차	76
사랑했던 사람 앞이니까	78
어떤 꽃이 피어날까	80
생애 가장 뜨겁던 사랑	82
해와 달처럼	83
흘린 채 살아가련다	84
떠난 자리, 눈물 한 방울	85
안녕, 나의 봄	86

"사랑과 이별의 경계선에서"

창틀	88
같이 사랑하고 혼자 이별하기	89
구름과 함께	90
가시만 돋은 채	91
적막함	92
별과 별처럼	93
밉도록 사랑했다	94
계절처럼	95
잉크	96
인연이었다	97
인사	98
추억으로	99
지난여름	100
준비한 이별	101
널 여전히 사랑한다	102
파도는 거품이 되어	103
낙하	104
모순	105
비로소	106

3장. 나도 사람인데 사람이 어렵다

사람과 사랑 110
조합 112
힘든 건 힘든 것일 테니 113
헤어질 자신이 없어서 114
단 한 명뿐이라도 115
다를 뿐이지 116
타인을 위한 삶 117
남기지 않고 118
부메랑 119
가끔 120
이기려는 사람 말고 121
이별을 품고 살지만 122
비교하지 않기 123

"사람으로 웃고 우는 삶 속에서"

경계에서 벗어나기	124
괜한 실망이 아닌	125
단 한 번	126
잠시 현혹되어 잃지 않기를	127
핑계	128
피고 지는 순간이 있듯이	129
좋은 사람	130
사랑받으려 애쓰지 않아도 괜찮다	131
나부터 사랑하기	132
예쁨 받는 방법	134
우선순위	136
그런 사람	138
결국 외로워서	140

4장. 그대가 덜 불행하고
더 행복해지길 바랍니다

덜 불행하고 더 행복해지길	144
같은 아픔	145
그리움에 관하여	146
진정 두려운 것은	147
방관	148
향후	150
구름의 이동 속도처럼	151
언덕 넘어 풍경	152
외로움 감정을 지닌 나에게	153
건강을 우선으로 여기며	155
가치	157
빗 빗 빛	158
하루의 시작과 끝	159
삶의 방향	160
솔직하게 살기	161
천천히 하나부터	162
다수결	163
감정을 부정하지 말자	164
유행	165
떨어진 나뭇잎처럼	166

"입가에 아름다운 웃음꽃이 피길"

변화	167
속임수	168
떠내려가게 두지 말 것	169
시들기까지	170
완벽주의	171
희망의 증표	172
흔들림	173
전부 처음이니까	174
응원할게요	175
산책	176
우주	178
15월	179
갈림길	180
포기	182
가장 중요한 것들	183
내일은 살아야 하기에	184
우울증 탈출법	186
우리의 최선	187
제발	190
인생은 타이밍	192

1장.

상처 많은 널 위로할 이야기

"그간 많이 힘들었을 나에게"

개화

"나의 개화 시기는 언제일까."

주변에 있는 꽃들은
모두 아름답게 피어나고 있는데
나만 멈춰 있는 것 같아
걱정되고 두려울 때가 있다.

홀로 시드는 듯해 불안할 테지만
봄엔 벚꽃이 겨울엔 동백꽃이 피어나듯
각자에게 알맞은 개화 시기가 있으니
수그린 고개를 더는 꺾지 않았으면 한다.

머지않아 그대가 피어날 수 있는 계절이 올 거다.
그 순간 힘을 더 내기 위해 잠시 쉬는 것뿐이니
움츠러든 몸의 긴장을 조금이라도 덜어냈으면 한다.

"아름답고 찬란하게 피어날 꽃 한 송이,
그대는 세상을 아름답게 빛낼 것이다."

아픔이 담긴 바닷가

찬 바람 불어오는 저 푸른 바닷가엔
무슨 아픔이 있어 심한 파도가 칠까.

철썩이는 파도 소리에 귀를 기울인 순간,
울부짖는 파동의 떨림이 느껴진다.

겉보기엔 아름다워도 속은 알 수 없는
바다가 나의 마음속에도 있는 건가.
괴롭지만 괜찮은 척하는
나의 모습과 닮아 아픔이 더 와닿는 것일까.

정확한 이유를 알 순 없지만
서로가 조금이라도 더 나아지길 바랐다.

"바다야, 우리도 언젠가 잔잔하게 흘러가겠지,
거세게 부딪치지 않아도 되는 날이 오겠지."

어른일지라도

어른스러운 성숙함을 유지하는 것도 좋지만,
정말 힘들 땐 아이처럼 투정도 부렸으면 좋겠어.

책임감을 짊어지고 산다는 건 쉽지 않은 거잖아,
어른이란 것 자체로도 힘든데 감정을
애써 억누르며 버티는 건 너무 괴로울 것 같아.

어른이란 거대한 꿈을 꿔온 과거의 너도
이런 현재를 원하지 않았을 거야.

그러니 힘들 땐 힘들다고 솔직하게 말하고,
엄청 행복하진 않아도
하루에 한 번은 웃을 수 있게끔 노력하고,
너무 슬플 땐 기대어 울기도 해보는 거야.

그게 무슨 어른이냐고?
맞아, 어른이라고 다를 거 없어.
기쁘고 슬픈 건 감정이잖아.

그건 시간이 지나도 달라지지 않아.
그러니 힘들 땐 너무 참으려 하지 마.

최저점

"나만 시궁창에 고여있는 것 같아."

자책과 자기혐오로 이루어진 늪에 빠져
헤어 나오지 못한 채 질식할 것 같았다.
아무리 발버둥질해도 제자리일 뿐이니
삶의 의욕을 점차 잃어갔다.

나아지지 않고 점점 더 암울해지는 나날들
차라리 죽는 게 낫겠다 싶어,
지그시 눈을 감고 온몸에 힘을 뺐다.

그렇게 서서히 잠기는 듯했지만
나를 반기는 건 어둠이 아닌 밝은 빛이었다.

죽음 끝에 서서 어렵게 용기를 냈는데
이게 무슨 일인가 싶었지만, 썩 나쁘진 않았다.

"최저점을 찍었기에 올라가는 일만 남았으니까."

묵묵히 곁에서

마당을 가꾸고 있던 내게
동네 꼬마가 다가와
주저앉은 꽃을 가리키며 말했다.

"저기에 있는 시든 꽃은 어떻게 할 거예요?"

물끄러미 꽃을 바라보다 웃으며 대답했다.

"시든 꽃 한 송이가 있어서
주변의 다른 꽃들이 더 빛날 수도 있고,
꽃이 시들다 진 자리에 전보다 더
아름다운 모습으로 피어날 수도 있을 테니까.

우리 묵묵히 곁을 지켜 주자."

날지 못하는 새

아무리 힘차게 날갯짓해도
제자리만 맴도는 새가 있어요.

하늘을 조금만 올려봐도 다른 새들은
자유롭게 비행하며 어디론가 떠나는데,
날지 못한다는 이유로 홀로 남게 된
새는 얼마나 속상할까요.

가엾이 하늘만 바라보는 새를 위해
위로를 담아 휘파람을 불어보아요.

"날지 못한다고 해서 틀린 게 아니란다,
다른 것뿐이야. 나도 날지 못해 여기에 머무르니
언제든 날 찾아와."

음지

양지에서 건강히
피어나고 있는 꽃보단

맞은편 음지에서
힘겹게 피어나는 꽃을 더 좋아한다.

환경과 상황이 좋지 않아도
살아가기 위해 그 어떤 꽃보다 노력해,
음지의 적막함을 아름답게 꾸며주니까.

세상이란 음지에서
피어나기 위해 노력하는
우리의 모습과 크게 다르지 않으니까.

잘 살아간다는 건

잘하는 것보다
못하는 게 더 많더라도
열심히 살아가고 있다면,

타인으로 인해 잠시 무너지더라도
끝까지 나를 잃지 않기 위해 노력한다면,

그댄 누구보다 잘 살아가고 있는 겁니다.

최면

"충분히 잘하고 있어."
"지금껏 잘해 왔어."
"앞으로도 잘될 거야."
"분명 이룰 수 있어."

이런 말은
애써 하는 말도
자기 최면도 아닙니다.

그저 그대의 삶을 이야기하고 있는 겁니다.

울음

"울어도 달라지는 건 없잖아."

맞는 말이다. 오늘 울었다고 해서
내일은 괜찮아질 거라는 보장도 없고
일이 잘 해결될 거란 변화를 기대할 수도 없다.

다만, 쌓이다 보면 모든 건 무너진다.
그러니 눈물을 흘려 무거운 마음을
조금이라도 덜어낼 수 있다면 울자.

참는다고 강해지는 것도
울었다고 약해지는 것도 아니니 울어도 괜찮다.

해와 달도 힘들다더라

혼자 집으로 돌아가는 길이 익숙해져야 하는데,
늘 외로움에 사로잡혀 발걸음이 가볍지만은 않다.

하필 노을은 왜 이리 아름다운지
안 그래도 갈 길이 먼 나를 잠시 멈춰 세운다.

물끄러미 풍경을 바라보니
떨어지는 해도 나처럼 기운 없고
올라오는 달도 나처럼 힘겹다.

해와 달도 반복되는 순간에
익숙해지지 않아 힘들어하더라.

가을에 피어난 꽃

빛나는 색을 잃고 시들어가는 꽃과
푸른빛을 잃고 떨어지는 낙엽 사이에서
아름답게 피어난 꽃 한 송이.

적막한 세상을 향해
탄생을 알리는 울음소리에
주변의 모든 사람이 웃는다.

나는 그렇게 탄생한 꽃이다.
세상이 빛을 잃어갈 때,
조금이라도 환하게 밝히기 위해
태어난 꽃과 사람, 존재이다.

그런 나를 사랑하고
그해 계절을 좋아한다.

소리 없는 바람 타고

세상에 있는 모든 슬픔과
아픔이 들릴 때가 있다.

창틀 사이로 들리는 새의 울음소리도,
꽃이 살랑이며 내는 옅은 소리에도
지닌 고통이 전부 드러나는 순간들이 있다.

나는 슬피 울고 있는
아픈 이들에게 가련다.

놀랄 수 있는 상처를 위해
소리 없는 바람 타고.

곁에

새가 슬피 우는지
즐거워 우는지 알 수 없다.

네가 즐거워 웃는지
슬피 웃는지도 알 수 없다.

그런 내가 할 수 있는 건
온전히 너의 곁에 있어 주는 것이다.

바보 같지만 네가 웃을 때 같이 웃고
울 땐 같이 울겠다.

그렇게 서로의 감정이 맞닿으면 조금이나마
너의 심정 알 것 같기에 곁에서 머물겠다.

아픔조차 나의 것이라면

검은빛으로 변한 내면을
하얗게 덧칠하기 위해선 행복이 필요했다.

다만, 행복은 턱없이 부족했기에
혼잡한 색이 되었다.

얼핏 보면 우스꽝스러워 보이지만,
자세히 바라보면 여러 색이
꽤 괜찮게 어우러져 보였다.

마냥 나쁘게만 보이는 것은 아니니
행복과 아픔이 조화롭게
나에게 담겼다고 생각하며
너무 미워하진 말아야겠다.

행복도 아픔도 슬픔도
나의 감정이니까, 사랑하련다.

우리의 삶과 바람

깊은 밤, 수면을 방해한 고민과 걱정은
아침이 되면 희미해지곤 하죠.

눈을 감은 채 잠들었을 뿐인데
기분도 감정도 한결 나아지는 게 신기해요.

이처럼 원인을 알 수 없던 감정도,
해결되지 않던 상황도 갑작스레 뒤바뀔 때가 있으니
현재의 고난이 끝나지 않을 거란 생각은 하지 말아요.

내일이면 다 괜찮아질 수도 있는 게
우리의 삶이고 그대의 바람이니까.

처음처럼

우리는 태어나자마자 울었는데,
지금은 어쩌다 우는 것을 눈치 보게 된 걸까.

걷는 것보다, 먹는 것보다,
우는 법을 먼저 배운 우리인데
애써 눈물을 참으며 설움을 삼켜야만 할까.

그러지 말고 힘들면
처음 울었을 때처럼 펑펑 울어 보자.

이젠 환영받지 못하는 울음일지라도.

안 괜찮은 하루

오늘 하루 괜찮았다고 말하기엔
너무 힘들지 않았나요.

넘어가도 되는 일인데 쉽게 넘기지 못하는 사람,
앞에선 웃지만 뒤에서 욕하는 사람,
곁에 있어도 언젠가 떠나갈 것처럼 말하는
사람 때문에 오늘 하루가 복잡하진 않았나요.

괜찮은 척하기엔 아직 여린 그대인데
쓴웃음 한 번 지으며 잘 버티고 버텼나요.

기댈 곳 하나 없다 느껴져,
넘어지고 싶어도 버텨냈을 당신에게
따듯한 마음을 전하고 싶어요.

"그대도 저도 오늘 하루 괜찮은 척했을 테니
이 순간만큼은 정말 괜찮아졌으면 해요.

아무도 없는 공간이라면 눈물 한번 흘려도 좋으니
오늘 쌓인 설움과 아픔을 조금이나 덜어봐요.

내일은 오늘보다 더 가벼운 마음으로
살아갈 수 있을 테니까."

붉은 실선

소중한 너의 몸에 어울리지 않는
빨간색 선을 채우지 않았으면 해.

그러니 손을 떤 채 쥐고 있는 날카로운
펜을 놓고 잠깐 눈을 감아주라.

울어도 되니 평생 지워지지 않는 상처와
후회를 남기지 않길 바라.

상처는 아문다 해도
마음은 아물지 않는 상처를
스스로 새기지 말아줘.

봄이 온다

봄이 오려나,
내리쬐는 햇볕에서
따스함과 다정함이 느껴진다.

꽃이 피려나,
눈으로 뒤덮인 시든 초원에는
빼앗긴 푸른빛을 되찾기 위해
새싹이 하나둘 피어나기 시작한다.

그래, 봄이 오고 있다.
잠시 고갤 숙인 모든 것들이
우릴 마주하기 위해 힘을 내고 있다.

겨울로 인해 몸과 마음이 차갑게 식은 우리,
아름답게 물드는 계절, 봄에 함께 걷자.

방황하고 있는 그대에게

누구나 삶의 갈피를 못 잡고
이리저리 방황하는 순간들이 있죠.

위와 같은 모습을 보고
몇몇 사람들은 비난하며 잔소리를 합니다.

그럴 땐 잠시 귀를 닫아도 됩니다,
방황은 스스로 가고 싶은 길을
생각하고 정리하는 순간이니까.

방황은 민들레 씨랑 비슷해요.
더 아름다운 곳에서 꽃을 피우기 위해
바람 타고 하늘을 유영하는 것뿐이니까.

숨기지 않아도 돼

넌 눈물이 나올 것 같을 때
표정을 숨기려 하더라?

어떠한 표정을 짓든 널 좋아하니
얼굴을 애써 감추려 하지 말고 이리 와주라.
등 돌린 너의 모습을 보는 게 가장 슬프고 아프니까.

힘들 땐 내 옷에 눈물 자국을
새길 만큼 세게 안아주렴.

그래도 괜찮아.

작은 위로가 되어줄게요

수없이 슬픔을 참고 설움을 삼킨 그대.

쌓여있던 아픔을 덜어낼 수 있게
곁에서 이야기를 묵묵히 들어줄게요.

감정에 복받쳐 눈물을 흘릴 땐
따듯하게 살포시 안아줄게요.

곪은 상처가 낫고
환한 미소를 되찾을 수 있게
그대의 작은 위로가 되어줄게요.

회고록

죽음과 맞닿기 전 회고록을 쓴다면
과거는 그리운 공간,
현재는 버거운 시간,
미래는 두려운 순간이라 적고
마침표를 찍겠습니다.

페이지마다 눈물 자국 묻어두고
아쉬워하며 떠나겠습니다.

세상에 남은 이들이
저처럼 살지 않길 바라며 사라지겠습니다.

베개

답답하면 소리쳐
내가 새어나가지 않게 막아줄게.

슬프면 펑펑 울어
내가 흐르는 눈물을 닦아줄게.

외로우면 세게 안아
내가 악몽을 꾸지 않게 너의 밤을 지킬게.

베개처럼 너의 모든 설움을 내가 받아줄게.
그러니 아프지만 마.

강아지풀

어릴 적 낭만을 잠시 떠올려 보자.
길을 걷다 우연히 '강아지풀'을 보면
괜스레 꺾고 친구에게 장난을 치곤 했다.

하지만, 현재 강아지풀을 보면
그저 들풀로 여겨질 뿐이다.

세월의 흐름이 아닌,
낭만의 농도가 달라졌기에
우리는 특별함조차 사소하게 여기고,
익숙하게 받아들여 의미를 잃어갔다.

강아지풀, 오늘부로 이 들풀,
아니 한때 우리의 웃음을 책임졌던 낭만을
살포시 바라보며 소중한 과거가
쉽게 사무치지 않게 의미를 담아두자.

# 행복 제조법

마음의 최대 용량이 100g이라면,

과거에 아름다웠던 추억을 10g,
미래에 찬란하게 펼쳐질 순간을 10g,

나머지 80g은
현재라는 가장 아름다운 청춘으로 담아라.

당신의 마음속에 불순물이 담겨 흐릿하게 보일 뿐
행복해지는 방법은 이렇게 단순하다.

마음을 차분하게 가라앉히는 것에 집중하면,
불순물도 행복과 알맞게 분리될 것이다.

그러니 현재의 불행이 영원할 거란 생각 말고,
스스로 행복해질 자격과 순간이 있을 거라 믿어라.

9할은 거짓 행복

SNS를 살펴보면 타인은 모두 잘사는 것 같은데
자신만 불행한 것 같아 자존감이 괜히 낮아진다.

그럴 땐 타인의 사진 속을 자세히 들여다봐라.
행복만 가득 담겨 있진 않을 것이다.

본래 사람은 자신의 불행이 약점이라 생각해,
행복한 모습을 강조하려는 성질을 지녔다.

그 본능적인 요소에 쉽게 이끌린다는 건 당연하지만,
행복에 등수를 매기고 '삶의 가치'를
억지로 비교하여 불행을 증폭시킬 필요는 없다.

즉, 거짓 행복과 불행에 깊이 빠져
진실한 부분까지 놓치지 말았으면 한다.

"당신은 한 명뿐인 사람이고, 한 번뿐인 삶을 사는데
그보다 더 중요한 것이 어디 있겠나."

처음이라 그래

사람들은 참 이상해.

실수할 수도, 반복할 수도 있는 건데
그런 상대를 비판하려 애쓰잖아.

실수가 삶의 일부에 영향을 줄 순 있어도,
우리의 종착역인 죽음 앞에서는
'작은 흔적'에 불과한데 말이야.

이 사실을 깨닫고 나는 마음을 다독인 후,
'아, 다음에는 조금 더 신경 써야지.' 하며 넘겨 버려.

한마디로 정리할 수 있는 순간과 사건은 워낙 많아.
왜냐하면 영원한 건 없으니,
내가 어떻게 받아들이냐에 따라
많은 것들이 달라질 뿐이지.

걱정을 조절할 줄 아는 사람이 있다면,
작은 것에도 크게 받아들이는 사람도 있어.
모두 개인의 차이겠지만, 이 간격을 좁히기 위해선
몸과 마음의 근육을 키워야 해.

허약한 상태에서 고민을 받아들이면
더욱 아프게 느껴지니까.

그래, 이번 생이 처음이라 어렵게 느껴질 순 있어.
근데 잘 살기 위해 함께 노력하자.

인생을 뭐라 생각해

너에게 한 가지 묻고 싶은 게 있어.

살아가는 이유가 무엇이니,
어떤 것을 먹을 때 가장 행복하고,
누구랑 함께 있을 때 잘 웃고,
어느 순간을 간직하며 살고 있니.

반대로 한 가지 더 물어볼게.

죽어야 할 이유가 무엇이니,
어떤 것을 먹어도 맛있지 않고,
누군가와 함께한다는 건 너무 벅차고
현재의 순간에서 도망치고 싶니.

너의 인생은 이 질문 중
어디 쪽으로 기울였는지 잘 살펴보렴.

만약, 힘들기만 하다면 내 말을 들어줘.

자, 길을 가다 우연히 발견한 꽃을 잠시 바라봐.
그러다 하늘을 떠다니는 구름도 보고,
옆에 있는 나무도 살포시 다독여 줘.

믿기지 않겠지만, 환경과 함께하는 잠시나마
너의 마음에는 안식이 있을 거란다.

그렇게 주변에서부터 찬찬히 살아갈 이유를
다시 찾으며, 공허한 마음을 아름답게 채우렴.
인생은 그런 거란다.

낙서

지워지지 않는 생각과 고민으로
힘겨운 나날을 보내고 있다면 덮어버리자.
과거의 경험과 행복으로 덧칠해도 괜찮아.

처음엔 '이래도 되나.' 싶을 수 있지만,
시간이 점차 지나면 마음이 가벼워질 거란다.

이처럼 보이지 않는 것에 두려움을
다독일 줄 알아야 삶을 살아갈 때,
쉽게 무너지지도 쓰러지지도 않으니
자신에게 알맞은 방법을 찾아보자.

"안정감이란 멀리 있지 않고 늘 곁에 있어.
자신의 결핍을 얼마나 늘어놓느냐에 따라
결과가 달라지는 것뿐이지.

충분히 잘 해낼 우리이니
겁먹지 말고 나아가려 하자.

우리의 발걸음엔 아픔만이 있는 것이 아닌
행복과 설렘, 도전이란 긍정적인 수식어도
함께 있으니까.

한 번뿐인 삶을 멋지게 낙서해 보자.
예술적인 가치가 담길 수 있는 그런 획을
하나씩 새기자."

나는 바보야

가끔 사람들은 내게 이런 말을 해.

"너는 바보 같아,
엉뚱한 생각도 자주 하고,
길을 걷다 꽃이 보이며
배시시 웃기도 하잖아."

맞아, 나는 동네에서 착한 바보형 같은
존재로 사람들에게 웃음을 주곤 해.

처음엔 사람들에게 즐거움을 건네주고 싶어서
억지스러운 면도 있었지만,
점차 성격이 온화하게 바뀌더라.

타인이 나를 무시하고 비꼰다면,
바보처럼 웃어넘기면 그만이고,
생각과 의견을 무시할 땐
바보처럼 못 알아듣는 척하면 그만이니까.

이렇게 나의 모습을 글로 적다 보니
문득 이런 생각이 드네.

'사람들에게 웃음이 아닌 스스로
상처를 받고 싶지 않아서, 변하게 된 나의 모습일까.'

하지만, 이런 생각조차 버거우니
바보처럼 '에라 모르겠다.'하고 넘겨.

이렇게 살아가는 현재의 나는
누구보다 행복한 삶에 놓인 것 같아.

그러니 너도 날 따라 웃어봤으면 해.
미소에 익숙해진 만큼 보기 좋은 사람과
꽃은 세상 어디에도 없으니까.

덧난 상처

마찰 또는 타박으로 인해 생긴 상처를
관리해 주지 않으면 흉이 지듯,

우리의 마음에도 슬픔과 우울을
곪게 내버려 두면 변색이 된다.

차이점이 있다면
마음에는 굳은살이 생기지 않는다는 것.

계속해서 전해지는 고통에
익숙해지고, 무뎌질 뿐이다.

타인의 상처가 더 깊고 짙든,
아픈 건 아픈 것이니 비교하지 말자.

고통스러울 땐 조금 이기적이어도 괜찮으니
애써 숨기고 있는 아픔에 집중하려 하자.

자신의 감정을 치유하고
회복 시켜줄 수 있는 유일한 사람.

그 사람이 당신이라는 걸 잊지 않은 채
아프지 않고 행복하게 살아갔으면 한다.

노을

저물어 가는 붉은빛 윤슬에 막이 내리면,
짙고 어두운 밤과 새벽이 찾아온다.

누군가는 이 순간을 하루의 끝이라 정의하고,
누군가는 고통의 시작이라 부른다.

배경과 환경이 교차한다는 건
자연스러운 상황이지만,

그 속에 담긴 각자의 상황은 다르기에
한 끗 차이로 웃고 우는가 보다.

새벽을 떠도는 별들 사이로
외로움과 우울함을 폭식하는 존재에게
건네주고 싶은 말은,

"저 붉은 노을에 물들지 말고,
너만의 색에 뒤덮여 행복하길 바라."

외부적인 요소에 영향받지 않고,
묵묵히 자신만의 삶을 살아가다 보면
행복이란 최종 목적지에 도달할 테니까.

알맞게 떠오르고 지는 존재가 되어
세상을 밝혀주길 바란다.

2장.

그 시절 너는 나의 낭만

"사랑과 이별의 경계선에서"

후회 없이 사랑하련다

"좋아한다, 안 좋아한다, 좋아한다."

너의 마음을 물어볼 용기가 없어,
애꿎은 풀잎만 몇 개를 뜯었는지 모르겠다.

부끄러움이 많은 삶은 아니었는데
너의 앞에서만 한없이 수줍은 사람이 되어
눈도 제대로 못 쳐다보는 내가 바보 같다.

손짓 한 번에 흠칫하고,
말 한마디에 동요되어
마음 한 곳에서 심히 일렁여지는
모든 감정이 나를 웃고 떨리게 한다.

이런 내 마음을 넌 알고 있을까,
알아주길 바라는 건 욕심이려나.

곁에서 널 좋아하는 것만으로도 행복하니
복잡한 생각을 더는 얽히지 않게 하련다.

그저, 최선을 다해
후회 없이 사랑하련다.

반복적인 사랑

흘러넘칠 만큼 좋아하고,
빈틈없이 널 사랑한다.

그런 내 마음을 아는지
달빛 아래 환하게 웃는 너,
그 모습에 또다시 널 사랑한다.

그날의 밤과 미소는
마음속에 영원히 남을 추억이 된다.

사랑의 느낌

한여름 뜨거운 햇살에 눈이 부시듯
너의 눈길 한 번에 정신을 잃고,

아무런 대화를 하지 않아도
서로를 바라보며 웃고,

술도 마시지 않았는데
취한 것처럼 심장이 뛴다.

아, 이게 사랑이구나.

아이의 사랑

아이는 좋아하는 사람을 보면
미소를 숨기지 못한다고 한다.

아이의 순수한 사랑,
나도 조금은 품고 있나.

감정을 숨기지 못한 채
너를 바라보며 환한
미소를 짓게 된다.

나의 미소에 답하듯 환하게 웃어주는 너,
우리의 사랑이 순수하게 어우러진다.

고마워

믿을 수가 없다.
한 사람으로 인해 지루하기만 했던
일상은 설렘으로 가득 찼고,
어둡기만 했던 나의 세상은 밝아졌으니까.

갑작스레 다가온 것처럼 순식간에 떠날까,
걱정될 때도 있지만 괜한 불안으로
이 아름다운 순간을 망치지 않으련다.

"내게 와줘서 고마워.
널 사랑할 수 있도록
곁에 머물러줘서 고마워."

매 순간 소중히

자신의 연애를 타인에게 인정받으려 애쓸 필요 없다.
서로가 예쁘게 사귀는 걸 알고 있다면 충분하니까.

매번 특별한 데이트를 위해 머리를 감쌀 필요 없다.
평범한 일상에서도 행복한 순간은
언제나 특별한 순간으로 남으니까.

가장 중요한 건
매 순간 함께하는 것에 대한
소중함을 잊지 않는 것이다.

따듯한 전화기

연락 한번 올까.
자꾸만 스크린을 쳐다보고

전화 한번 올까.
자꾸만 음량을 키우게 된다.

울리는 모든 알림이
너의 연락이길 바라며
간절히 기다린다.

이랬던 적이 있던가.
차갑지도 뜨겁지도 않던 전화기에서
따스한 온기가 느껴진다.

까만 구름과 별처럼

매일 밤 찾아오는
까만 구름과 몇 없는 저 별처럼
너도 영원히 내 곁에 있었으면 좋겠다.

방황

만나지 말란 사람은 더 만나고 싶고
하지 말란 행동은 더 하고 싶고
가지 말란 길은 더 걷고 싶다.

너를 만나는 것도 그렇다.
누가 뭐래도 오롯이 널 사랑할 거다.

화병 속에 담긴 꽃

그녀는 화병이고,
나는 꽃 한 송이다.

그녀의 모든 것이
고스란히 내게 물들어
아름답고 찬란하게 피어난다.

밤하늘 아래서

어둡던 밤하늘 아래서
난 노란 동그라미를 그리며 '달'이라 말했고
넌 노란 점을 찍으며 '별'이라 말했지.

우린 밤하늘을 아름다움으로 가득 채우며
서로를 보고 해맑게 웃었어.

정말 순수한 사랑이었지.

결점조차

사랑이란 감정을 모르겠다.
단순 설렘이란 성질을 띠면 좋아하는 것인지,
물결처럼 일렁이는 본질을 띠면
사랑하는 것인지 헷갈린다.

나는 평범하게 사랑할 수 없는 걸까.
왜 이리 사랑이란 감정에만 엄격해
소중한 인연을 놓치고 후회만 해야 하나.

점차 사랑이 상처로 변질되는 것 같아
누군가를 진심으로 사랑하기가 더욱 어렵다.

꼬아진 감정의 매듭을 풀지 못할 것만 같을 때
우연히 알게 된 한 연인이 수줍게 말했다.

"난 너의 결점조차 이해하고 사랑할 수 있어."

결점조차 사랑할 수 있다니
이해할 수 없었지만 말 한마디에 담긴
그녀의 떨림과 용기가 진심으로 느껴졌다.

풀리지 않던 감정은 순간 느슨해지며
속는 셈 치고 다시 한번 사랑하고 싶었다.

사랑했던 사람 앞이니까

마지막 순간은 언제나 슬프고 괴롭다.
상대가 사랑했던 연인이라면 더욱 그렇다.

이별, 어렵게 사랑해서 쉽게 헤어지는 게,
밝게 웃으며 만나 어둡게 떠나는 것이 애석하다.

슬픔, 원망, 절망···
아쉬운 감정이 모조리 섞인다.
입 밖으로 나오는 모든 말들은
상처가 될 것 같아,
속마음을 꺼내지 못해 가슴이 답답하다.

하지만 추하게 굴고 싶지도
못되게 끝내고 싶지도 않아,

"고마웠어."

형식적인 말로
겨우 붙잡고 있던 관계의 끈을 놓는다.

사랑했던 사람 앞이니까,
그래 내가 사랑했으니까.
마지막까지도 사랑해서 그렇게 말한다.

어떤 꽃이 피어날까

"아직도 잊지 못한 거야?"

사람들은 내가 그녀를 잊지 못한 걸 어떻게 알까.
분명 시간은 흘렀고 계절은 여러 번 바뀌었다.
꽃이 피고 지는 것도 수차례 봐 왔는데
왜 나의 마음은 변하지 않고 온전한 건가.
이럴 때만 한결같은 자신이 원망스럽다.

누군가 나의 마음을 읽을 정도면
나는 얼마나 그녈 사랑하고 사랑했던 것일까.

"사랑의 흔적이 남아서 그런 거겠지."

알량한 모습이 딱해 보였는지
곁에 있던 친구가 위안 삼아 건네준
말 한마디가 왜 이리 슬픈 것일까.
벅차오르는 감정에 황급히 고갤 숙인다.

눈물이 떨어진 자리엔 어떤 꽃이 피어날까.
시들지만 않았으면 좋겠다.

생애 가장 뜨겁던 사랑

첫사랑, 누구나 열병처럼 사랑을 앓았던 때가 있다.
그런 첫사랑과 이뤄진다는 건 기적이더라.

사랑이란 감정에 투박해,
원치 않은 상처를 주고받으며
허무하게 끝나는 경우가 많으니까.

이뤄지지 못한 사랑,
한 번뿐인 생애 가장 뜨겁던 사랑,
두 번 다시 오지 않을 사랑-

평생 기억에 남을 만큼
아프고 그리울 것이다.

말 한마디, 미소 한 번이면
마음이 심하게 뒤흔들린 것처럼
작은 기억일지라도.

해와 달처럼

우린 해와 달이었어.

너는 낮, 나는 밤
서로의 뒷모습만 바라볼 뿐
다가가려 노력해도 맞닿을 수 없었지.

푸른 하늘, 구름과 어울리는 너와
어두운 하늘, 별과 어울리는 나는
일식이 일어나야만 만날 수 있었던 걸까.

우리의 만남엔 기적이 필요했나 봐,
첫사랑이라 그랬나 봐.

흘린 채 살아가련다

알고 지낸 시간이 애석하게
왜 나는 사랑하면 사랑할수록
그녀가 더 헷갈리기만 했을까.

진실된 말과 행동들로
충분히 신뢰가 쌓였다고 생각했는데
어째서 우린 서로의 감정을 의심했을까.

후회와 미련으로 생긴
풀릴 수 없는 궁금증을 그만 내려놓으련다.

좋아해서 미워도 했고
사랑해서 이별도 했던 거라고 믿으련다.

다시 돌아갈 수 없으니 흘린 채 살아가련다.

떠난 자리, 눈물 한 방울

시간이 흘러 모든 게 변했는데
이곳은 온전히 잘 있네요.

넓은 들판 한가운데
같이 앉았던 나무 의자부터
함께 걸었던 이 꽃길까지
모두 그대로네요.

그녀도 이 아름다운 곳을 기억할까,
내심 기대하며 잠시 멈춘 발걸음을 다시 옮겨봅니다.

신발 자국, 그 사이 눈물 한 방울은 묻어두고.

안녕, 나의 봄

"안녕, 오랜만에 당신을 떠올리며 문장을 채웁니다."

벚꽃이 만개했던 봄에
우연히 당신을 만났던 때가 기억납니다.

청초함이 가득 담겨 있던 거리조차
벅차게 느껴질 만큼 힘든 시기.

계절보다 포근한 안식을
내게 건네줘서 고마웠습니다.

가진 것 하나 없는 저의 모습을 온전히
사랑하고 응원해 준 유일한 사람.

홀로 채우지 못한 부족함을 함께 채워주려
노력한 생애 두 번은 없을 사람.
그 사람이 당신이라서 좋았습니다.

과거의 이야기를 꺼내는 것이
마음 쓰리도록 아프지만,

당신의 미소가 떠오르면
저의 내면엔 무언가가 살포시 피어납니다.

후회와 그리움보단 당신이 정말 행복했으면 합니다.
비록, 자격 없는 사람의 바람일 뿐이지만,
누구보다 응원하겠습니다.

어긋난 갈림길 우연히 다시 만난다면
반가운 인사보단, 따뜻한 눈길로
스쳐 지나가겠습니다.

추억은 추억으로 남겨
오랜 청춘으로 기억되길 바라는 우리.

창틀

바람 타고 날아온 먼지가
창틀에 내려앉아 곤란해졌어.
아무리 깨끗이 닦아도
내일이면 먼지는 또다시 쌓이겠지.

떠난 그녀도 내 머릿속에서
지워지지 않고 자꾸 맴도네.
잊은 채 살고 싶어도
내일이면 그녀가 또다시 생각나겠지.

창틀에 낀 먼지처럼
내 마음에 내려앉은
그녀를 잊는 건 잠시뿐이네.

같이 사랑하고 혼자 이별하기

타인에게 전 연인을 험담하며
안 좋게 말한 적이 있나요?

만일 있다면 다음부턴 그러지 말아요.
무엇을 위해 남에게 전 연인을 욕하며
잘잘못을 따지나요.

자신의 행동만 옳았다고 믿고 싶은 건가요,
공감을 원해서 그런 것인가요.
그렇게 해 봤자 나아지고 괜찮아지는 건
그 순간 잠시일 뿐이에요.

시간의 길이와 상관없이
한때 가장 사랑했던 사람이었다는 것,
뒤에서 한 말은 반드시 돌아온다는 것을 잊지 말아요.

사랑 끝, 이별은 혼자 해 봐요.
사랑했던 만큼 아플지라도.

구름과 함께

유독 구름을 좋아했던 너,
저 푸른 하늘에 둥실둥실 떠 있는
하얀 구름을 보니 네가 문득 생각난다.

찰랑찰랑 부는 바람도 좋겠다,
지그시 눈을 감고 다시 떴을 땐
구름은 금방 어딘가로 떠나 보이지 않더라.

하얗고 푹신해 보이는 구름도
하얗고 아름다운 너도
간직할 수 없어, 눈물이 흐른다.

가시만 돋은 채

부끄러운 마음에 사랑한다는 말을
입에서 백 번 머금었다.

내면은 마치 피어날 듯, 말 듯한
꽃봉오리처럼 요동쳤다.

하루 이틀, 오랜 시간이 지나도
꺼내지 못해서 그런 걸까,
입이 열리기도 전에 먼저 가시가 돋았다.

"사랑을 표현할 때도 타이밍이라는 게 있구나.
이젠 말을 꺼내고 싶어도
가시에 걸려 나오질 않는다."

적막함

그녀가 떠난 자리에는
어두운 그림자만이 남았고,

그녀가 남기고 간
물건에는 미세한 향기만이 머문다.

가만히 서 있다
이 공간이 너무 적막해 눈물을 흘렸다.

그저, 적막해서 그런 것뿐이다.

아마도.

별과 별처럼

저 밤하늘의 별과 별 사이가
가까워 보이지만 실제론 멀듯이,

빛나던 우리 사이도 그리
가깝지 않았던 게 아닐까.

밉도록 사랑했다

너를 사랑했던 날보다
미워했던 날이 더 많았다.
분명 사랑해서 만난 사이였는데
서로의 얼굴만 붉힌 채 헤어졌다.

점차 잊으며 추억으로 남을 줄 알았는데
문득문득 네가 떠올라 미칠 것 같더라.

애증의 관계였던 걸까?
싫어했던 게 아니라 서운했던 건 아니었을까?
뒤늦은 후회가 현재의 나를 지독히 괴롭힌다.

"그저, 밉도록 사랑했던 거겠지."

계절처럼

봄에 다가온 너를 따듯이 품으며
사랑과 애정을 아끼지 않고 건네줬다.

정성을 알아준 걸까,
너는 여름과 가을에
아름다운 꽃을 피우며
깊숙하게 뿌리 내렸다.

그렇게 서로를 더욱 의지하며 지냈었는데
어찌 겨울이 되었다고 시들어 떠나버렸을까.

우리의 사랑은 계절이었는가,
언젠가 피고 지는 것이 당연하였는가.

내 마음 깊은 곳엔
여전히 너의 시든 뿌리가 남아있는데
이를 어쩌나, 이 사람아.

잉크

진심으로 사랑했던 사람을
기억에서 지우기란 정말 힘든 일입니다.

그럴 땐 애써 지우려 하기보단
시간을 두고 서서히 옅어지길 바라야죠.

사랑, 한 번 새겨지면 지우지 못하고
번지기만 하는 잉크 같은 거니까.

인연이었다

그녀와의 만남을 악연이라고 생각하지 않는다.
행복했던 순간도 즐거웠던 순간도 있었기에
마냥 불행하진 않았으니까.

그녀와의 이별을 필연이라고도 생각하지 않는다.

그저 사랑하고 이별하는 흔한 '인연'이었다.

인사

"안녕"
첫인사말을 시작해서

"안녕"
마지막 인사말까지 전한
우리의 인연은 끝났네요.

비록 두 글자의 인사로 만나고 끝났지만
함께했던 순간 정말 즐거웠습니다.

마지막까지 고마웠어요,
그럼 정말 안녕.

추억으로

그리워 말고 추억으로
그댈 남기겠습니다.

미련이 아닌 추억이 되어야만
애틋하고 아름답게 기억될 테니까요.

"시간이 지나 옅어지더라도
은은하게 떠오를 그대,
저의 추억이 되어주세요."

지난여름

사랑은 소나기처럼
이별은 장마처럼
마구 쏟아져 내린다.

빗줄기에 담긴
짧고 긴 여운이
나를 웃고 울린다.

나를 적시는 빗물이
때론 따스하고, 때론 시리더라.

준비한 이별

한평생 함께하자고 말했던 그녀가 맞나.
고갤 숙여 준비한 이별을 내게 설명하고 있다.

넋이 나간 채로 멍하니 서서 이야기를 들을 뿐
아무것도 할 수 없는 이 상황이 너무 싫다.

"어디서부터 잘못되었을까."
슬픔에 고립되어 안색이 안 좋아졌는지
그녀가 나를 바라보며 괜찮냐고 물었다.

억지로 고개를 끄덕였지만,
금방 어린 애처럼 소리 내어
울음을 터뜨리고 말았다.

여전히 따듯한 너의 물음에
바보같이 울음을 터뜨리는 나였다.

널 여전히 사랑한다

그녀 말고는 누굴 사랑해볼 생각도 없이
최선을 다했는데도
서로를 가장 잘 아는 남이 되어버렸다.

눈빛만 보고도 무엇을 원하는지,
어떤 감정인지를 알 수 있을 만큼
가깝던 우리의 관계는 멀리 떨어져 버렸다.

기다릴까, 그러기엔 내가 무너질 것 같고
다가갈까, 그러기엔 네가 부담스러울 것 같고
포기할까, 그러기엔 널 여전히 사랑한다.

파도는 거품이 되어

잔잔한 바다를 품은 저의 마음에
사랑이란 파도를 일으키고 어디로 가셨나요.

떠나간 그대 목소리 한 번 들릴까,
귀를 기울이지만 죽어가는 거품 소리만 가득합니다.

함께 만든 아름다운 파도는
이젠 두려운 존재가 되었습니다.
자꾸만 밀려오는 감정이 슬픔에 젖게 만듭니다.

그대가 일으킨 파도가
이젠 상처가 되어 돌아옵니다.

낙하

속절없이 내리는 비를 피하지 않았다.
흠뻑 젖더라도 괜찮으니 더 내리기를 바랐다.
네가 내게 건네준 온기를 식히기 위해선
시린 슬픔이 스며드는 것 정돈 감당해야 했다.

모순

식지 않을 거란 사랑은
차갑게 동결되었고,

끝없이 행복할 거란 기쁨은
종결되지 않는 장마가 되어
슬픔을 흠뻑 쏟아 내리고,

영원이란 언약은
거짓이 되어나를 홀로 남긴다.

우리의 사랑은 모순적이었지만
여전히 네가 그립다.

비로소

얘기를 나누며 수없이 소모된 단어
진실한 마음을 전한 몇만 문장
여백을 빈틈없이 가득 채운 순간
이별이란 한 페이지에 모두 사무쳐
사라지는 우리의 주어.

아픔을 덜어내기 위해 적는 연필 자국
그사이 옅은 눈물 한 방울까지.

비로소 끝난 우리의 이야기, 어딘가에서.

3장.

나도 사람인데 사람이 어렵다

"사람으로 웃고 우는 삶 속에서"

사람과 사랑

사람은 사랑하고 싶고,
사랑받고 싶은 게 당연하다.

하지만, 사랑이란 감정 하나에만
최선을 다해서는 안 된다.

진정한 사랑은 자신의 감정을 채우기 위한 것이
아닌 함께 한다는 것에 중점을 두는 것이다.

사랑에도 욕심이 생긴다.
반복되는 감정은 익숙해지기에
다음번 받을 사랑에 기대감을 품게 된다.

그렇게 점차 소중함을 잃고 상대와
갈등이 생겨 틀어지게 되는 것이다.

인간은 생각과 경험을 통해 스스로
사랑하는 방법 등을 깨닫고 실행에
옮길 수 있으니 누구의 말에도 동요되지 마라.

자신만의 확고함 없이 행동한다면 누군가를
탓하게 되고 과거를 후회하게 되니까. 의견을
반영할 뿐 완전히 따를 필요는 없다는 말이다.

함께하는 것에 중점을 두고,
자신만의 굳은 소신으로 행동하는 것이
우리가 해야 할 진정한 사랑이며
감정을 다스리고 관리하는 방법이다.

조합

우린 부품으로 나누어질 수 없어요.

누군가 자신의 일부를
빼앗고 바꾸려고 한다면
그를 뿌리치고 자신을 지켜 주세요.

온전한 자신만으로도 가치 있는 사람이니
모든 부분을 아끼고 사랑해주세요.

타인으로 인해 자신을 빼앗기지 말아요.

힘든 건 힘든 것일 테니

힘듦, 익숙해지지 않아
언제나 아프게 다가온다.

나이에 대입해 서로의 고통을 비교하고,
슬픔에 등수까지 매긴다면 얼마나 서러울까.

작은 고통일지라도
힘든 건 힘든 거니 감정을 무시하진 말자.

자신의 고통도
타인의 아픔도
그 누구의 설움도

헤어질 자신이 없어서

끊고 싶은 인연이 있는데
'정' 때문에 관계의 끈을 쉽게 놓지 못하나요?

우린 만남보다 이별할 때
더 많은 용기가 필요합니다.

그러니 마음을 굳게 다짐하고,
추억을 뒤로한 채 과감히 손을 놓아봅시다.
놓고 난 순간 조금은 허전해도
금방 편안해질 겁니다.

추억에 묶이고, 과거에 사로잡혀
현재의 자신을 그 한 사람 때문에
힘들게 하지 않았으면 합니다.

잊지 마세요, 제일 중요한 관계는 나 자신입니다.

단 한 명뿐이라도

저는 애매한 관계인 사람 백 명보다
진정 믿을 수 있는 내 사람 한 명이
더 소중하다고 생각합니다.

백 명과 연락하기 위해 애쓰는 것보다
한 명과 진솔한 이야기를 깊게 나누는 것이
훨씬 더 좋은 대화의 질로 이어지고,

감정을 공유하고 나눌 때도
서로에 대한 수용 범위가 넓어
조금이라도 더 마음을 알아줄 수 있으니까요.

분명 각각의 장단점이 있습니다.
자신에게 맞는 대인 관계를 형성하면 됩니다.

단, 스치는 인연과 머무는 인연의
차이를 간과하지 않았으면 합니다.

다를 뿐이지

누군가 너의 삶이 틀린 것 같다고
멋대로 지적한다면
"다른 것뿐이야."라고 대답했으면 해.
우리 모두 완벽하지 않고 사람마다 차이가 있으니까.

자신과 맞지 않는다는 이유로 타인을 평가하고
가치를 매기는 사람이 있을 거야.
상대방의 그런 행동이 잘못된 것이니
스스로 가치를 낮출 필요는 없어.

자신을 믿고 당당히 나아가,
내가 선택한 길이 맞았다는 걸
증명하고 보여주면 돼.

그걸로 넌 충분히 멋진 사람이 될 거야.

타인을 위한 삶

자신을 위해 살아가는 것도 힘든데,
타인을 위해 살아가는 넌 얼마나 힘들었을까.

너를 떠올리며 늘 걱정했어. 남들의 시선과
압박으로 하고 싶은 걸 찾을 수는 있을까.

남들의 목표를 이루는 것에 대한
싫증과 부담감으로 힘들진 않을까.

여러 사람을 담은 너의 품은
복잡하고 시끄러울 것 같아.

그래서 너의 곁에 있고 싶어,
진심으로 자신을 위해
살아갈 수 있게 도와주고 싶어.

그러니 나를 품고 살아줘.
나도 너를 소중히 품에 담을게.

남기지 않고

말을 아낀다는 건
상대방을 배려하는 것도 있지만,
자신에게 아쉬움을 남길 때도 있다.

그러니 좋은 표현이 담긴 말이라면
아낌없이 타인에게 건네줘라.

관계가 좋아지면 더 좋아지지,
나빠지지는 않을 테니까.

부메랑

주는 것을 아까워하지 않아도 돼.

나이가 들수록 말하는 것보다
들어주는 것이 더 많아지고,

도움을 줬던 것보다
도움을 받는 게 더 잦아지고,

용서를 구하는 일보다
용서를 받아주는 일이 더 많아지기 때문이야.

그러니 주는 것의 아쉬움을 남기지 않고
받는 것의 부담을 느끼지 않아도 돼.

가끔

화를 내도 좋고
울어도 좋고
무너져도 좋고
안 참아도 좋고
우울해도 좋아.

남들이 하지 말라는 것을 가끔,
그래 정말 가끔 하는 건 괜찮아.

참다가 아프고 후회하는 것보단 나으니까.

이기려는 사람 말고

다툼이 생겼을 때
이기려 애쓰는 사람 말고
한 발짝 뒤로 물러주는 사람을 만나라.

자존심을 내려놓고, 감정을 조절하고,
관계 회복을 위해 노력하는 사람은
분명 소중한 사람일 테니 놓치지 말자.

이별을 품고 살지만

관계가 평생 이어질 순 없습니다.
시작이 있으면 끝이 있듯이
만남이 있으면 이별도 존재하는 법이지요.

우리는 언제나 이별을 품은 채로 살아가겠지만
다가올 이별을 두려워하지 말고
현재에 최선을 다합시다.

돌아오지 않을 시간, 조금이라도
더 많은 추억을 함께 쌓기 위해서요.

길어야 몇십 년인 인연,
소중한 사람과 함께하는 동안
후회 없이 잘 지내었으면 합니다.

비교하지 않기

가장 부질없는 행동 중 하나가
사람과 사람을 비교하는 것입니다.

살아온 환경과 지닌 가치관은 모두 다르기에
당연히 차이가 생길 수밖에 없습니다.
그런 차이를 갖고 자신과 타인을 비교하며
무시하고 차별하는 건 옳지 않습니다.

비교는 또 다른 비교를 만듭니다.
같은 행동은 습관으로 바뀌고요.
좋은 말만 들어도 부족한 당신이며
타인이니 조금이라도 이해하려고 노력해봐요.

경계에서 벗어나기

좋아하는 사람과 친구 사이로 지내는 건 싫고,
연인이 되기엔 이별이 두려워,
마음이 복잡해질 때가 있지.

그런 인연은 놓치기도, 잃기도 싫어
대하기가 더욱 어려울 순 있어.

다만 이도 저도 아닌 관계로 끝나는 게 더 힘드니
확고한 생각과 감정이 들 땐
용기 내어 주저 없이 다가가 봐.

어떠한 결과든 머뭇거리는 사이에
멀어지는 것보단 나을 테니까.

괜한 실망이 아닌

안 친한 사람보다 친한 사람들에게
실망감을 자주 느낄 것이다.

함께한 순간이 많았던 만큼 정도 깊어졌기에
자신도 모르게 상대에게 기대해서 그렇다.

잊지 말자, 기대감이 높아지는 만큼
실망감도 커진다는 것을 기억하자.

단 한 번

고운 말 백 번을 건넸어도
무심결에 나온 말 한마디로
관계가 완전히 무너지기도 한다.

인간관계가 그렇다,
단 한 번에 호감으로
단 한 번에 실수로
단 한 번에 이별까지
모든 게 단 한 순간이다.

잠시 현혹되어 잃지 않기를

얼어붙은 너의 마음을 따듯하게
녹여줄 수 있는 사람과 잘 지냈으면 해.

힘든 순간에 진정 나를 위해 따뜻이
품을 내어주는 사람은 세상에 얼마 없거든.

순간은 영원하지 않으니 잠시 현혹되어
소중한 사람을 놓치지 않았으면 해.

핑계

좋은 사람을 만나야만
자신이 좋은 사람이 된다는 보장 없다.

듣기 좋은 소리이며 핑계일 뿐이다.

피고 지는 순간이 있듯이

너무 걱정하지 마라,
꽃이 진다고 영원히 사라지는 건 아니다.

꽃도 잠시 쉬기 위해 지는 것뿐이지,
곁을 떠나가지 않는다.

좋은 사람

기복 없이 한결같은 사람이 좋다.
힘들 때 묵묵히 이야기를 들어주는 사람도 좋고
떠나지 않을 거란 확신을 주는 사람도 좋다.

결국, 끝까지 곁에 있어 주는 사람이 좋다.

사랑받으려 애쓰지 않아도 괜찮다

당신 미움받을 용기는 없고 사랑받을 욕심은 있나.
그래, 나도 그랬다. 사랑이 마냥 아름답게만 보여
갈구하고 목말라했다.

하지만 모든 감정엔 대가가 있어,
사랑이 때론 부담이 되어 숨을 조아렸고,
때론 헛된 희망이 되어 처참히 무너뜨리기도 했다.

나를 웃게 하는 것이 울릴 수도 있다는 것,
그토록 바라왔던 감정이 두려움으로
변질될 수 있다는 것을 깨우쳤으면 한다.

그저 사랑받으려 애쓰지 않아도
괜찮다는 말을 건네주고 싶었다.

나부터 사랑하기

얼마 전 어머니와 이야기를 나누던 중,

"자신을 진정 사랑할 줄도 알아야
누군가에게도 온전한 마음이 전해지는 거야."

이렇게 말씀해 주신 이유는,
타인을 위해서만 열심히 달려온
나의 모습을 묵묵히 지켜봐 주셨기 때문이다.

어째서 나는 스스로와의 관계를 놓치고
타인에게 더 집중하게 된 것일까.

이것은 사회적인 측면과
개인적 성향으로 나눌 수 있는 문제다.

현재 사회는 행복이든, 슬픔이든
등수를 매기며 서로의 인생을 비판하기 바쁘다.

각자의 개인적 성향인 부분도 있겠지만,
앞선 얘기한 현재 사회 분위기에 휩쓸려
'후천적'으로 남의 시선을 많이 의식한다.
즉, 비교만 안 하면 되는 간단한 상황일 뿐이다.

이 부분을 신경 쓰지 않는다고 해서
'나 자신을 온전히 사랑할 수 있는 건 아니다.'

내가 무엇을 좋아하는지, 싫어하는지,
놓아야 하는지, 붙잡아야 하는지 등
자신만의 '기준'을 세워
찬찬히 '알맞은 삶'을 살아갔을 때,
확연히 달라진 모습을 바라볼 수 있을 것이다.

최근 나도 '인간관계'와 '건강', '업무' 효율을
나에게 맞추어 살아가다 보니 주변에서
"밝아진 것 같아서 다행이다."와 같이 말하였다.

누군가를 위해 산다는 것도 의미가 있지만,
내가 아프면서까지 도와주는 건 부담될 수 있기에
건강하고 밝은 에너지를 함께 나누는 것이
서로에게 더 좋을 수 있다는 걸 잊지 말자.

예쁨 받는 방법

나와 비슷한 사람인데도
유독 사람들에게 사랑받는 존재가
주변에 한 명쯤은 있을 것입니다.

이들의 특징을 유심히 살펴보면
몇 가지 공통점이 있습니다.

첫 번째는 '경청'입니다.
괜한 조언을 하기보단
타인의 말을 끝까지 들어 주며,
'공감'하고 있다는 느낌을 줍니다.

두 번째는 '자존감'입니다.
자신을 사랑할 줄 알며,
타인에게도 온전한 마음을 건넬 줄 아는
사람한테 이끌리는 법입니다.

세 번째는 '약속'입니다.
타인과 나눈 이야기의 비밀을 잘 지켜주고,
만나기로 한 날 늦지 않는 사람에게는
'신뢰'가 가기 마련입니다.

생각보다 어려운 것 없이
잘 들어주고, 날 사랑하고, 지켜주는 것.

이 세 가지 방법을 통해
당신이 더욱 사랑받길 바랍니다.

우선순위

인간관계에서 '기준'을 세워두어야
사람으로 인한 상처를 덜 받게 된다.

감정적으로는
'나를 지치게 하는지',
'필요할 때만 찾는지',
'시간을 내서 만나는지'와 같이
배려와 양보를 기준으로 나눌 수 있고,

육체적으로는
'함께 활동하는 게 즐거운지',
'좋아하는 음식이 비슷한지.',
'취미 활동이 같은지.' 등등
일상 속의 평범함으로 나눌 수 있다.

고유한 사람의 가치를 멋대로 매긴다는 것이 아닌
자신과 잘 맞는 사람에게 더 집중하기 위한
하나의 과정일 뿐이다.

다가올 사람은 어차피 다가오고,
떠날 사람 어차피 떠난다는 말이 있듯,
조금이나마 오랫동안 남아 있을 사람에게
집중하는 것이 올바른 인간관계 유지법이다.

물론, 아무리 밀쳐내도 다가가고 싶은,
애써 붙잡아도 떠나가고 싶은 인연이 있을 거지만,
늘 중립적이고 이성적인 마음으로 사람을 상대하자.

그런 사람

성장하려는 과정 속,
서로의 버팀목이 되어주는 사람.

실패에 무너진 과정 속,
자신의 품을 빌려주며,
눈물을 마음껏 쏟으라는 사람.

우울한 순간 속,
외롭지 않게 곁에 있어 주며,
불안감으로 떨리는 두 손을 잡아주는 사람.

행복한 순간 속,
나의 웃음에 배 아파하지 않고
진정 기뻐해 줄 수 있는 사람.

그래 이 같은 순간의 연속,
보폭을 맞추며 함께 나아갈
친구가 한 명이라도 있다면
성공한 인생이라고 말하나 보다.

그런 사람이 아직 곁에 없다면,
찾아 나서는 것은 삶의 일부,

안온히 내게 다가온 소중한 인연과 맞닿았다면
그 사람과 함께하는 순간을 전체라고
말할 수 있나 보다.

결국 외로워서

사람이 좋다.
함께하면 할수록 깊어져 가는
'우정'은 깊은 안식이 되어주니까.

하지만, 가끔 사람이 싫다.
이별하는 순간, 믿었던 만큼
상처로 돌아오게 되어 아프니까.

반복되는 사이클 속,
나는 사람이 좋은 걸까, 싫은 걸까,
헷갈리고 싶지 않은데 그간의 수많은
만남과 이별로 인해 지친 것 같다.

이처럼 공허하고 허망해지는 순간,
"아, 사람은 만나기 싫은데 너무 외로워."

결국, 아플 걸 알면서도,
또다시 이별할 걸 알면서도,

외로워서, 사랑이 필요해서,
타인에게 다가가는 발걸음.

뚜벅, 멈칫, 털썩,

아프다, 혼자 버틸 수 없는 나라서.

4장.

그대가 덜 불행하고
더 행복해지길 바랍니다

"입가에 아름다운 웃음꽃이 피길"

덜 불행하고 더 행복해지길

화창한 날이 좋습니다.
아름답게 활짝 피어오른 꽃과
서로의 손을 잡은 채 길을 오가는 사람들은
날이 맑아야만 볼 수 있으니까요.

아주 가끔은 비가 오는 날도 좋습니다.
지친 꽃이 잠시 잎을 다물고 쉬는 것과
이별한 연인들의 울음소리를 감춰주니까요.

이처럼 날씨를 활용해도 좋으니
그대가 덜 불행하고 더 행복했으면 좋겠습니다.

같은 아픔

그대도 나처럼 불안하고 초조한가요.
이유 없이 눈물이 나올 것 같고,
괜히 잘못 없는 자신을 미워하나요.

머릴 부여잡은 채 고갤 숙이고 있다면
잠깐이라도 좋으니 창문 너머로 보이는
아름다운 풍경을 바라봐요.

변함없는 상황을 잠시 벗어나
계속 변화하고 있는 세상을
바라보는 것만으로도 안정될 수 있을 테니까요.

"멈춘 것 같은 저 낙엽도 미세한 바람에
자꾸만 흔들리고 있을 거예요.

우리라고 계속 멈춰 있진 않을 테니
다가오는 바람에 아픔을 맡긴 채 떠나봐요."

그리움에 관하여

왜 과거를 그리워하는 걸까?

지금보다 더 힘든 순간도 있었을 텐데,
왜 지나온 순간으로 다시 돌아가고 싶어 하는 걸까?

잊고 싶지 않은 추억도
돌아오지 않을 행복도
지난 삶에 담겨 있어서일까.

"힘든 순간, 잠시 꺼내 보고 싶은
추억과 행복을 품은 삶이었기에
가끔 그리워하나 보다."

진정 두려운 것은

다가올 미래가 두려워?

정말 두려워해야 하는 건
겁먹어서 멈춰 있는 이 순간이지.

머나먼 미래가 아니란다.

방관

세상이 온통 회색빛으로 물들었나,
붉은빛 꽃, 노란빛 나비, 푸른빛 하늘이
모두 회색빛으로 보인다.

색을 잃고 며칠이 지났을까,
이젠 웃음이 나오지 않는다.

지나가는 꼬마 아이들의 밝은 웃음,
텔레비전 속 사람들의 환한 미소를
따라 하려 해도 입꼬리는 멈춰 있다.

큰 걱정은 하지 않았다.
언젠가 돌아올 거라 믿고 안일하게 방관했는데
그에 따른 대가는 참혹했다.

심각한 우울증에 빠져 몇 년간 방황하며
공허한 삶을 살아가게 되었으니까.

힘든 나날들을 지냈지만
단 한 순간도 후회할 수가 없었다,
자신을 외면한 나는 그럴 자격조차 없었으니까.

홀로 비참해할 뿐이었다.

향후

"나중에 무엇을 하고 싶어?"

어렸던 나에게 어른들은 먼 미래를 물어봤고,
여전히 사람들은 나에게 먼 미래만을 물어본다.

난 무엇을 하고 싶을까,
한참을 고민하다 말했다.

"1초 후에 행복해졌으면 좋겠어요."

그렇다, 내겐 먼 미래보다
앞선 현재의 행복이 더 중요하기 때문이다.

과거와 미래에 순간들을 후회하지 않으려면
현재가 행복해야 한다는 걸 깨달았으니까.

구름의 이동 속도처럼

하늘을 바라보고 있으면
천천히 떠다니는 하얀 구름을 볼 수 있지.

파란 하늘에 놓인 하얀 구름은
천천히 하늘을 유영하며 어디론가 떠나.

언제쯤 지나가려나 지켜보다
잠깐 딴짓하면 어느새 떠나고 없더라.

멈춰 있는듯한 구름도
꾸준히 이동해 그런 거겠지.

이러한 구름의 이동 속도처럼 자연스럽게
흘러가다 보면 어느 순간 원하던 곳으로
도착해 있을 거야.

언덕 넘어 풍경

"지금처럼 평생 우울하고 불행할 것 같아."

말도 안 되는 소리,
힘든 날이 연속적으로 일어난다 해서
앞날의 행복을 무시하는 말을 할 필요 없어.

둥글둥글 굴러가다 잠시 언덕에 걸려
힘겹게 나아가려는 순간인 거지,
계속 멈춰 있진 않을 거란다.

지금은 아무것도 안 보일지라도
분명 빛 한 줄기가 내려올 거야.

그 빛을 따라 다시 굴러가다 보면
아름다운 풍경이 반기고 있을 테니
다시 한번 힘내 보자.

외로움 감정을 지닌 나에게

"곁에 누군가 있어도
이 세상 나 혼자인 것 같을 때가 있어."

외로운 감정에 사로잡히게 되면 깊은 생각에
고립되어 심적으로 크게 지치죠.

주변을 조금만 둘러봐도
나를 위한 사람들이 있는데
어째서 혼자라고 느껴 외로워하는 걸까요.

익숙해지지 않을뿐더러
점점 더 심해지는 외로움을
계속 두려워만 할 순 없으니
더 미루지 않고 한번 맞닿아 보려고 해요.

보이지도 들리지도 않는
이 신호를 왜 안 좋게 의심만 했을까,
담긴 메시지의 의미를 알기 위해서요.

이해하고 나면 더 나은 자신이 되어 있을 테니
외로움에 한 발짝 다가가 묵묵히 곁에 있어 봅니다.

그대도 외로울 때 감정을 피하고 부정만 했나요.
저도 그랬는데, 우리 한번 다가가 볼까요?
외로워하는 나에게로요.

건강을 우선으로 여기며

"건강 잃으면 다 소용없는 거야."

어머니께선 학업과 돈보단
'건강'을 가장 중요시하라셨다.

하지만 어렸던 나는 젊음을 믿고
체력을 무리하게 낭비하며
건강을 제대로 돌보지 않았었다.

열심히 살아보겠다고 그런 거였지만
결국 과한 열정과 지나친 욕심으로 인해
몸과 마음이 완전히 망가졌다.

거울 속 나의 초라해진 모습을 바라보며
비로소 어머니의 말씀이 옳았다는 것과
행복과 건강은 비례한다는 것을 크게 깨달았다.

그대만큼은 건강을 잃고
뒤늦게 후회하지 않길 바라며
바쁘더라도 밥 한 숟갈은 챙겨 먹고,
힘들더라도 자기관리를 소홀히 하지 않았으면 한다.

돈과 명예를 얻고
건강을 잃는 것만큼 애석한 건 없으니까.

가치

과정보다 결과를 중요하게 여기는 요즘,
결과가 좋지 않으면 노력했던 모든 부분의
가치를 낮게 평가해 버린다.

이처럼 자신의 노력에 대한 가치를 무시당할 땐,
마음에 담아두지도 동요되지도 않았으면 한다.
잘 모르면서 살짝 훑어보고서 하는 말일 뿐이니까.

그리고 노력했던 과정과 결과를 스스로
무시하지 않았으면 한다. 충분히 값진 경험이 되어
앞으로 더 성장할 수 있는 기반일 테니까.

그저, "잘했고, 애썼다."
짧은 한마디라도 좋으니 고생한 자신에게
따뜻한 위로를 건네며 다독여주자.

그 누가 뭐라 해도 자신의 가치는 자신이
제일 잘 알고 있으니 남의 말에 휘둘릴 필요 없다.

빗 빗 빛

목표를 과녁이라 생각하고
노력을 마음껏 쏴보세요.

빗나갈 때도 있겠지만,
너무 자책하지 않아도 돼요.

최선을 다하고 있으니
목표에 점점 더 가까워질 거예요.

끝없이 노력해 원하던 목표를 맞췄을 땐,
주변의 빗나간 노력조차 빛나 보일 테니
포기하지 말아요.

그댄 할 수 있고, 이룰 수 있습니다.

하루의 시작과 끝

아무 일 없던 것처럼 하루를 끝내고
새로운 일이 생길 것처럼 하루를 시작해요.

마지막 끝에 힘든 걸 내려놓고
새로운 시작에 설렘을 채우면
그날의 하루는 달라질 수 있어요.

삶의 방향

손에 쥐고 있는 나침반을 놓고 떠나라.

모두가 알고 있는 방향과
정답이라고 알려주는 길이 아닌
스스로 생각해서 정한 곳으로 향해라.

길을 헤매고 잃어버릴 순 있어도
새로운 환경 속에서 더 성장할 거고,
차츰 나만의 삶을 찾아낼 것이다.

삶의 방향, 그건 오로지 자신이 정해야 한다.
그래야 누구의 탓도 하지 않고,
후회도 덜하며 나로 살아갈 수 있다.

솔직하게 살기

웃어라, 행복하다면
울어라, 슬프다면
화내라, 화가 난다면
숨어라, 무섭다면
참아라, 후회할 것 같다면

살아라, 감정을 숨기지 말고.

천천히 하나부터

힘든데 어리광 한번 못 부리고,
버티는데 자꾸만 무너져서
사는 게 버거울 때가 있어요.

"어쩌다 이렇게 됐을까?"
숨이 막히듯 답답할 거지만
분명 괜찮아질 거예요.

아플 때 가장 먼저 심호흡하며 안정을 찾듯이
간단한 거라도 나아질 수 있다면 뭐든 해봅시다.
삶을 회복하는 것에 많은 시간과 노력이 들겠지만,
이는 더 나은 미래를 위한 준비이기도 하니
포기하지 말아요.

이제 곧 그만 아플 시간이에요.
그동안 아팠던 만큼 행복해 주세요.

다수결

남들이 이거 해라, 저거 하라 하는 것에
표가 몰두되어도 자신의 뜻이 없다면
과감히 따르지 마요.

그대가 선택한 것을 이루어 나아가길 바라요.

감정을 부정하지 말자

마음이 아플 수 있다는 건 다행인 거다.
감정이 사라지면 아무런 감각도 느끼지 못해
우울함보다 무기력으로 인해 더 괴로워지니까.

어떠한 감정이라도
잃어버리지 않는 게 중요하다.
그만 겪고 싶다는 것조차
자신의 감정이라는 것을
깨닫고 소중히 대해주자.

자신의 감정을 부정해서 좋을 건 없더라.

유행

유행을 너무 따라가지 않아도 돼요.
기존의 방식에서 벗어나
새로운 변화에 다가가는 건 좋지만,
자신을 잃어버리면서까지 쫓아갈 필요는 없어요.

잠깐이잖아요,
유행은 지나가게 되어있어요.
그 짧은 순간에 그대를 두고 오지 말아요.

지금도 충분히 멋진 그대니까.

떨어진 나뭇잎처럼

철이 든 단풍잎이 떨어지듯
시간이 지날수록 놓치고
떨어뜨리는 것들이 많아지지만
아쉬워하진 말아야지.

나무도 나뭇잎이 떨어진 자리에
새로운 잎이 잘 피어오르길 바랄 뿐
주워 담진 않으니까.

변화

매일 밤 나타나는 달도
조금씩 모양이 변하고,

바람에 흔들리는 저 나뭇잎도
계절에 따라 색이 변한다.

이처럼 자연도 변하는데
사람이라고 어찌 안 변할까.

현재에 잠시 머무를 순 있어도
다가오는 변화를 막을 순 없다.
변화는 원래 자연스러운 거니까.

속임수

속이는 건 안 좋은 거지만,
가끔은 자신을 위해 스스로 속여봐요.

이 순간은 힘들지만
금방 괜찮아질 거라고 말하며
크게 숨을 고르고 웃어봐요.

그러면 조금이라도 기분이 전환될 수 있고
속이는 게 아닌 진실이 될 수도 있으니
우리 한번 말해 봐요.

"괜찮아질 거야."

떠내려가게 두지 말 것

소중한 인생을 떠내려가게 두지 말자.
다시 돌아오지 않을 순간이니까.

현재 상황은 결국 과거로 남으니
후회하지 않기 위해선

매 순간 시간을 소중히 여겨야 한다.

시들기까지

밝은색을 지닌 꽃이었는데
거센 바람에 흩날리는 아픔을 참고
발걸음에 밟히는 고통을 꿋꿋이 참고
홀로 말없이 외로움을 참다 보니
시들어버린 내가 되어있었다.

참다 보면 괜찮아질 줄 알았는데 아니었다.

완벽주의

세상에 완벽한 사람이 어디 있나.
누구나 작은 결점 하나쯤은 지닌 채 살아간다.

세상에 완벽해야 할 이유가 어디 있나.
개인의 욕심일 뿐이니 스스로 완벽이란 불가능에
너무 몰아세우지 않았으면 한다.

본인에 대한 기준을 조금만 낮추자.
힘들 때 더 힘내려는 것도 좋지만
고생한 자신에게 격려를 건네고
잠시 쉬며 안정을 되찾아 보자.

완벽한데 불행하면 실패한 것과 다름없으니까.

희망의 증표

언제부터 눈물은 약함을 나타내는
증표가 되었을까요. 저에게 눈물은
내면의 아픔을 덜어주는 희망이에요.

모두가 당신의 눈물을 무시하는 게 아닙니다.
저 혼자라도 당신의 눈물을 희망이라 여길 테니
그 눈물, 흘려도 돼요.

흔들림

흔들려도 된다.
꽃도 새싹 때부터 여러 바람에
흔들리며 아름답게 피어나지 않는가.

그러니 흔들림을 두려워 마라.
꽃이 되어가는 과정일 뿐이다.

전부 처음이니까

세상에 태어나
살아가는 것 모두 처음인데
어찌 모든 걸 잘할 수 있나요.

실수해도 괜찮아요,
지금껏 처음 겪는 상황 모두
잘 헤쳐나온 그대이기에
충분히 잘 살아가는 중입니다.

그러니 너무 자책하지 말고,
잘하고 있다며 자신을 칭찬해 주세요.

응원할게요

상처로 물든 그대를
바라볼 때면 속상하지만, 한편으론 대견합니다.

실패란 상처는 도전했기에 생겼고,
넘어진 상처는 최선을 다해
나아가다 생긴 것이니까요.

그대가 느낀 고통과 상처,
모든 노력의 흔적이 모여
좋은 결실을 거둘 것입니다.

충분히 잘 해내고 있는
그대의 삶을 응원해요.

산책

망가진 배를 타고 바다를 안전하게 항해할 순 없다.
인생도 마찬가지다. 고장 난 몸과 마음을 억지로
이끌며 살아가는 건 무리다.

우린 이 사실을 누구보다 잘 알지만,
자신의 건강을 소홀하게 여기며 쉽게 넘어간다.
자주 겪던 고통이라 익숙해져서,
잠시 쉬는 게 불안해서 그렇다.

하지만 삶이란 바다는 어느 망망대해보다 드넓고,
죽을 때까지 항해해야 할 만큼 끝없이
펼쳐져 있는데, 어째서 힘겹게 나아가려고만 하나.

삶은 결승선에 먼저 도착하기 위한
레이스 경쟁이 되어선 안 된다.
천천히 주변을 살피며
아름다움을 찾는 산책이어야 한다.

그래야 살아야 갈 이유를 깨닫고
진정 행복해질 수 있다.

우주

채도 없는 흑백의 삶,
너의 빛을 누가 다 앗아갔을까.

덩그러니 어둠에 남아
홀로 지내는 너의 마음은 어떨까.

이다지 짙어지는 색에 잠식되어
그림자조차 잃어버린
너의 품은 얼마나 아릴까.

널브러진 빛과,
모여진 어둠,
한가운데 너와 나,
둘이 손을 꼭 잡자.

서로의 온기를 빛으로 삼아
이 공허한 우주에서 벗어나자.

15월

기나긴 겨울 건너
따스한 봄이 왔다.

아름답게 채색되는 지구별,
넉넉한 포근함으로
따스해진 이 틈,

15월에 머무는
당신을 찾아가
손을 살포시 잡은 채
세상 밖으로 나가야겠다.

꽃이 피었다고,
이제 더는 춥지 않다고,
함께 나아가자고.

갈림길

남들과 똑같은 길로 나아갈 필요 없다.
다수의 선택이 마냥 옳은 것은 아니니까.

자신의 삶만 유독 불안정하다고 느껴
평범한 길을 찾아 나서고 싶을 때도 있겠지만,
세상에 위험 요소 없는 안정적인 길은 어디에도 없다.

또한, 길을 걷다 보면 우린 수많은 갈림길 앞에서
연속적인 선택을 해야 하므로 현재의 길이
잘못되어 평생 후회가 될 거란 생각도 하지 말자.

움직이고 활동한다는 건 언제나 경험이 되어
추후 걱정과 고민을 버텨줄 중요한 요소이니
당신의 한 걸음엔 언제나 높은 가치가 있다.

"잘하고 있다, 그렇게 한 걸음씩 축적하다 보면, 나의 발걸음을 보고 따라오는 이들도 있을 테니 당신의 용기 있는 전진을 응원한다."

포기

사람들은 포기하면 진다고 생각하지만,
나는 용기가 담긴 행동이라 여긴다.

갈수록 해야 하는 것도 많지만,
내려놓아야 하는 것도 필요하기 때문이다.

자신의 삶을 훼방할 만큼 힘들다면,
남이 뭐라 하든 내려놓는 게 맞다.

그게 죽어야 할 이유로 변질되지 않게
스스로를 보호하기 위한 것이니까.

"잘했다, 그렇게 부담을 내려놓았으면
체력이 보충되었을 때 다시 들어도 좋고,
새로운 것에 시도해도 좋다, 뭐든 괜찮다."

가장 중요한 것들

하루 3끼를 잘 챙겨 먹고 있나,
하루 2분이라도 하늘을 바라보나,
하루 1번이라도 마음이 안정적인가.

단 한 가지라도 지키지 않고 있다면
당신은 무엇에 쫓고 쫓기고 있어,
사소한 부분을 놓치고 전반적인 삶을 잃어가나.

내일은 살아야 하기에

오늘 모든 것을 쏟아부어 목표를 이루겠다는 마음이
나쁜 건 아니지만, 내일 하루에 악영향을 끼친다면
올바르지 않은 행동이다.

시간과 체력 모든 요소가 적절하게 분배되고
효율적으로 사용되어야
최고의 결과가 나오기 때문이다.

예를 들자면,

내가 밥도 안 먹고, 잠도 안 자서 부자가 되었는데
몸이 너무나도 안 좋아 드러눕는 날이 많아진 것과

내가 건강하게 몸을 챙기며 차츰 꿈을 이뤄나가,
긍정적인 마음과 성취감을 얻어가는 것 중에
어떠한 삶을 살아가고 싶은가.

오늘 불타서 내일 재로 날아가는 것이 아닌,
잔잔한 숯이 되어 내일도 따뜻하게 지내는 것이
어떤가.

오랫동안 나의 열정이 식지 않게 조절하는 것도
나를 지키기 위한 하나의 방법이니까.

우울증 탈출법

1. 남과 비교하지 않기
2. 억지로 미뤄내지 않기
3. 자신의 삶을 부정하지 않기
4. 현재의 불행이 영원할 거란 생각하지 않기
5. "나는 할 수 있다."와 같이 혼잣말 자주 하기
6. 하루 한 번이라도 운동하기
7. 하늘 바라보며 심호흡 자주 하기

이와 같은 7가지 많다고 느껴진다면,
하나씩 시도해 보는 것이 좋다.

우울이라는 감정은 다정하여,
언제나 소리 없이 다가올 수 있기에,
무의식적으로 버텨줄 요소를 채워보자.

가장 든든한 버팀목이 되어줄 것은
'나 자신이 이겨낼 거란 믿음'이란 걸 잊지 않은 채.

우리의 최선

서툴고 촌스러운 청춘을 보내는 요즘,
지난 삶을 찬찬히 되돌아보았습니다.

10대 때는 어른이 되어가는 과정 속,
두려움이 너무 많았습니다.

남들보다 공부를 잘하는 것도,
기술이 뛰어난 것도 아니었으니
평범해지기 위해 노력했던 것 같습니다.

하지만, 다시 돌아간다면 명확한 꿈을 찾고
그것을 위해 최선을 다했을 텐데 돌아갈 수 없으니
현재 남아 있는 아쉬움을 덜어낼 뿐입니다.

20대 초반엔 먹고 사는 것에
두려움이 너무 많았습니다.

매일 대학교 수업이 끝나면
고깃집에서 알바를 했는데

저의 1시간 가치가 만 원도 안 된다는
참혹한 현실을 직시했습니다.
뜨거운 숯불 앞에 타들어 가는 것들이
저의 속을 대변했죠.

현재 20대 중반이 되어보니 두려움보단
인생에 있어, 체념하는 시기인 듯합니다.

앞선 세월의 두려움은 별거 아닌 것처럼
시간의 변화에 따라, 순간을 맞이하며,
서슴없이 해결되었으니까요.

즉, 시간에 따라 고통과
두려움에도 익숙해졌다는 뜻이겠죠.

이 과정을 청춘이라 말할 수 있을지,
어른이 되어가는 중인지는 제대로 해석할 순 없지만,
다 지나갈 것이라는 사실을 알기에
눈을 지그시 감습니다.

당신은 어떤 순간에 있으신가요.
두 번 다시 돌아오지 않은 것들이니
행복하다면 마음껏 웃고,
슬프면 우는 것이 최선입니다.

제발

'제발'이라는 단어.
누군가에겐 부탁을 형용할 수 있는 단어로,
누군가에겐 생명의 연장선을 붙잡기 위한
간절함으로 해석될 수 있다.

나 또한, 삶을 살아갈 이유가 없어질 때,
모든 사람이 미워지려 할 때 펑펑 울며

"제발, 나 좀 괴롭히지 말아요."와 같이
소리의 떨림을 가득 담아 내뱉은 적이 있다.

타인에게 들킬 용기가 없어,
자신밖에 알아줄 수밖에 없는 설움의 농도는
그 어떠한 채도보다 짙고 어둡다.

나는 당신이 그런 순간을 맞이하지 않길 바란다.
고통이 성장의 기반이 된다는 말을 수용할 수
있지만, 삶에 반영하기란 힘드니까.

애써 겪지 말아야 할 것을
권유할 필요도 없이 그저,
행복한 순간만 있길 바란다.

위로를 건네는 나지만, 표면을 벗겨보면
말할 수 없는 아픔들이 여전히 많기에,
조금이라도 나아질 당신께 희망을 건넨다.

어둠 속에, 작은 불빛 하나 있으면,
세상이 환히 밝아지듯, 당신의 빛의 세기를
나타내줄 어둠이 되어줄 테니, 마음껏 빛나라.

그렇다면, 내가 지닌 암흑에도
괜찮은 가치가 붙지 않을까.

인생은 타이밍

"사람은 누구나 실수한다,
이것을 어떻게 극복하고 나아가냐에 따라
'성장의 과정' 또는 '미련'으로 나누어질 수 있다."

살다 보면 여러 사건과 순간에 놓이게 된다.
과거에 겪었던 일이 반복해서 일어날 수도 있지만,
대부분 새로운 환경 속에서 많은 방황을 하게 된다.

주체가 인간관계가 될 수도,
자신의 역량에 관한 것일 수도 있어,
해결 방식의 차이점을 이해할 시간이 필요한데
우리는 이성적인 면보단 감정적인 면이
더 크게 앞선다.

즉, '실수라는 암흑'에 눈이 쉽게 가려져,
더 큰 방황과 아쉬움을 남기게 된다는 말이다.

피해를 최소화하기 위해선
전체적인 상황을 앞서 살피려는 것보단,
당혹스러운 마음을 진정시키는 것이 먼저다.

해결이라는 건 '자연스레 조치'되는 경우가 있어,
'대부분 시간적 요소'가 많이 필요로 한 장기전이니까.

세상에 모든 문제는 '돈'으로 해결된다지만, 가끔은
'감정적 요소'에서 끝날 경우도 있으니 온전한 책임을
지니고 있데, 마음의 짐을 조금이라도 덜자.

"괜찮다, 다 나아질 것이다."
이런 뻔하고 사소한 말이라도 자신에게 건네라.

누구보다 간절한 한마디일 테니
자책 중인 자신을 다독여 주는 것이 우선이 되자.

그 당시에만 할 수 있는 '타이밍'이라는 것이
자신을 보살피는 유일한 순간이니까.

마지막으로

살아갈 용기도, 죽고 싶은 용기도 나지 않을 때,
애매한 경계선 사이에서 가슴이 짓눌리는 듯하다.

마치 벼랑 끝에 아슬아슬하게 매달려 있는 것처럼
날카롭게 부는 바람과 함께 흔들리는 것처럼
그 순간에 느껴지는 공포감을 형용할 단어가 없다.

말 못 할 심정,
누구나 마음속에 하나씩은 품고 살아간다지만,
자신이 힘들 때는 타인과 비교할 수 없다.

나도 위로를 건네주는 작가가 되기 전,
매일 밤 '24시 예방 센터'에 전화할지
고민하며 펑펑 울었던 시절이 있다.

그렇기에 우울함을 소재로 한 글을 쓸 때나,
내가 겪은 사연을 풀어 해석할 때면 과거가
문득 떠올라, 당신의 아픔에 더 조심스럽다.

하지만, 분명 한 가지 말해줄 수 있는 사실은
'끝나지 않을 것 같던 사연의 결말은 언제나
머지않았으므로 다 지나갈 것이다.'

투박하게 건네는 것이 아닌,
당신의 상황을 어느 정도 이해하기에
서투른 위로도, 공감하는 척도 아닌
깨닫고 있는 진실을 서술할 뿐이다.

힘을 빼라, 힘을 빼야 유연하게
어둠을 헤쳐 나갈 수 있다.

긴장을 푸는 일, 당신이 나아가지 못하고 있다면,
돌처럼 굳은 근육을 이완시키는 것이 먼저다.

그것이 마음마저 전해진다면
비로소 당신의 하루는 달라질 테니
너무 두려워 마라.

덜 불행하고
더 행복해질 너에게

- 계절 에디션

초판본 발행일 2023년 4월 1일
개정판 발행일 2024년 6월 25일

1쇄 인쇄 2024년 6월 17일
1쇄 발행 2024년 6월 25일

지은이　　산배
펴낸이　　이종혁
디자인　　권수현

펴낸 곳　　일단
이메일　　ildanbook@naver.com
출판등록　2022년 11월 1일 제2022-0000003호

ISBN　　　979-11-980755-6-7 (03810)

· 이 책은 저작권법에 따라 보호받는 저작물이므로 무단 전재와 복제를 금지하며, 이 책 내용의 전부 또는 일부를 이용하려면 반드시 저작권자와 '일단'의 서면 동의를 받아야 합니다.

· 잘못 인쇄된 책은 구매하신 서점에서 교환해드립니다.